AF381026

CHANGER DE CARRIÈRE

Les étapes-clés d'une reconversion professionnelle réussie

Par Renée Francis

50MINUTES.fr

CHANGER DE CARRIÈRE

- **Problématique ?** Quelles sont les étapes à franchir pour vivre en toute sérénité une période de reconversion professionnelle ?
- **Utilité ?** Bien réalisé, le changement de carrière peut être source d'épanouissement professionnel et personnel. Cela suppose un travail préliminaire de réflexion sur soi afin de connaître ses motivations, le métier vers lequel s'orienter, la formation qui sera la plus adaptée, etc., et ainsi atteindre son nouvel objectif.
- **Contexte ?** Développement personnel, orientation professionnelle, bien-être professionnel.
- **FAQ ?**
  - Comment choisir mon nouveau métier ?
  - Jusqu'à quel âge puis-je me reconvertir ?
  - Existe-t-il des métiers plus propices à une reconversion ?
  - Mon poste actuel ne me plaît pas, mais je suis en CDI. Est-ce judicieux de tout quitter ?

- Comment financer ma reconversion ?
- Quels sont les pièges à éviter ?

À l'heure actuelle, rares sont les salariés qui conservent le même poste au sein de la même entreprise durant toute leur carrière. Routine, dégoût, pression trop forte, envie de changement, les motifs de reconversion sont nombreux, encore faut-il se lancer pour les bonnes raisons. Peut-être avez-vous aussi déjà songé à changer de métier ? Pourtant au moment de sauter le pas, vous êtes assailli de doutes : et si mon nouveau métier ne me plaît pas ? Vais-je seulement trouver un emploi ? Quelles formations dois-je suivre ? Et comment les financer ? Autant de questions qui engendrent stress et frustration. Rassurez-vous, certes le changement implique une prise de risque, mais il est possible de le calculer et de l'anticiper afin d'éviter de se planter royalement. La reconversion, c'est aussi savoir ralentir. Prenez dès lors le temps de parcourir nos recommandations et de réfléchir étape par étape à votre nouveau plan de carrière. En 50 minutes seulement, ce livret vous aidera à changer de cap sans perdre le nord.

B.A.-BA DE LA RECONVERSION SEREINE

Une quête de sens

La quête de sens est le principal moteur d'une reconversion. En effet, donner une signification à notre quotidien est une préoccupation largement partagée. Et pour cause, à l'heure actuelle, le travail ne représente plus seulement notre gagne-pain, mais également une source d'épanouissement. Ainsi il se peut que, au cours de notre carrière, nous perdions la passion qui nous animait autrefois ou que nous ne nous identifiions plus à l'entreprise et à sa culture. Nous n'avons alors plus l'envie ni la motivation d'avancer et effectuons des tâches qui nous frustrent. La quête de sens réside dans la valorisation de soi et de son travail, dans le fait de se sentir utile et mis à contribution.

Dans votre quête, vous devez accepter de traverser des périodes de doute. C'est précisément en vous remettant en question que vous donnerez du sens à votre vie professionnelle et privilégierez votre bien-être. Dès lors, toute reconversion doit être mûrement réfléchie et précédée d'une introspection. Posez-vous les questions suivantes :

- Quels aspects comptent le plus pour moi dans mon travail ? L'aspect humain, financier, intellectuel ?
- Est-ce important pour moi que mon métier soit en accord avec mes valeurs ?
- Ai-je besoin d'être reconnu(e) ?
- Quelle est ma véritable ambition dans la vie ?

Les réponses vous livreront de premières bonnes pistes de réflexion. Par exemple, si vous accordez davantage d'importance à l'aspect humain, un métier dans le domaine social ou de la communication vous conviendra sans doute mieux que votre poste actuel de comptable.

Se reconvertir pour les bonnes raisons

Au fil des années et de nos expériences, nos objectifs évoluent. Quelles que soient les situations (début de carrière, après un congé maternité, suite à un licenciement ou une promotion, etc.), nous pouvons avoir envie de changer de carrière. Avant de vous engager dans une nouvelle voie, demandez-vous ce qui vous a attiré dans votre métier actuel et comment vous en êtes arrivé(e) là. Avez-vous choisi votre métier ou est-ce lui qui vous a choisi ? Avez-vous pu faire des études ? Auriez-vous aimé en entreprendre dans d'autres domaines ? Votre emploi est-il en lien avec votre formation ? Ces questions vous aideront à identifier un potentiel mal-être.

Si vous sentez que vous n'êtes pas à votre place dans votre poste actuel, la reconversion peut être la solution. Même si par le passé vous pensez avoir raté votre vocation, rien ne vous empêche d'y arriver cette fois-ci. Attention toutefois à bien interpréter les signaux, car il se pourrait que cette période de doute ne soit en réalité que passagère. Se reconvertir pour de mauvaises raisons serait alors une erreur et risquerait de ne pas vous apporter le bien-être auquel vous aspirez. Avant de vous lancer, il est primordial d'analyser les motivations qui vous poussent à changer de carrière afin de vous assurer qu'elles soient fondées et que vous n'agissez pas sur un coup de tête. Pour ne pas vous tromper, complétez le tableau ci-dessous qui révèle les motifs de votre envie de reconversion professionnelle.

Motif	Oui	Non	Ordre d'importance sur une échelle de 1 à 5					Commentaire
Envie de se réaliser								
Secteur de travail								
Collègues								
Famille								
Couple								
Finances								
Horaires de travail								
Âge								
Défi								

Motif	Oui	Non	Ordre d'importance sur une échelle de 1 à 5					Commentaire
Stress								
Burn out								
Développer un talent								
Ennui								
Ambition/ Rêve								
Santé								
Autres								

Interrogez-vous ensuite sur l'origine réelle de ce désir de changement, enfouie sous les autres motifs mentionnés (ceux que vous avez cochés ou ajoutés). L'être humain est doué pour imaginer des prétextes, surtout lorsqu'il s'agit de se justifier. Il existe une bonne raison que vous devez identifier et qui restera votre base. Le reste, c'est de l'habillage, des motifs ou des excuses qui viennent légitimer votre reconversion ; cela étant, ces arguments n'en sont pas moins importants, car ils pèsent dans la balance le jour où vous prenez votre décision. Néanmoins, restez focalisé sur votre motivation première pour ne pas vous éparpiller et avancer plus sereinement dans votre reconversion. S'il existe des dizaines de bons motifs, soyez attentif/ve aux suivants, car il semblerait qu'ils ne soient souvent en réalité que passagers :

- vous ne supportez plus l'ambiance de travail ;
- la collaboration avec les collègues se passe mal ;
- vous ne savez pas exactement ce que vous voulez ;
- vous avez continuellement besoin de nouveauté ;
- vous êtes déçu de votre salaire, des tâches à réaliser, etc. ;
- votre entourage vous pousse à changer d'emploi pour diverses raisons ;
- etc.

Dans le monde du travail en effet, rien n'est immuable et il se peut donc que dans six mois le manager ait changé, que vous soyez promu, que votre dossier difficile soit clôturé, que la mésentente avec votre collègue soit réglée, etc. S'il s'agit uniquement d'un dégoût général, faites un break, prenez quelques jours pour souffler. Si au contraire, votre reconversion est motivée par un véritable projet, présent dans votre esprit depuis quelque temps, cela vaut la peine de tenter votre chance.

Se renseigner sur le marché du travail

Analysez l'offre et la demande sur le marché du travail avant de vous lancer afin de ne pas prendre de risques inutiles. Informez-vous : quels sont les besoins et quelle est la concurrence ? Peut-être possédez-vous une compétence ou une solution spécifique à une demande ? Consultez les annonces du secteur qui vous intéresse, sollicitez votre réseau, faites un rapide tour d'horizon des possibilités économiques. Vous dégagerez sans doute de nouvelles pistes et écarterez des domaines trop hasardeux.

TROUVER SA VOIE

Après plusieurs années à exercer dans le même secteur, il est parfois difficile de se projeter dans un autre. Pour certains, la nouvelle voie professionnelle est déjà toute tracée, mais pour d'autres, la question se pose encore. Il n'existe pas de formule magique pour découvrir le métier qui vous correspondra parfaitement. Alors pour ceux qui le cherchent encore, l'autoanalyse reste la meilleure des solutions. Durant cet exercice, gardez l'esprit ouvert aux possibilités et aux opportunités : les idées brillantes viennent souvent de grandes remises en question.

Définir ses besoins

La pyramide d'Abraham Maslow (psychologue américain, 1908-1970) révèle cinq groupes de besoins fondamentaux :

La pyramide des besoins de Maslow

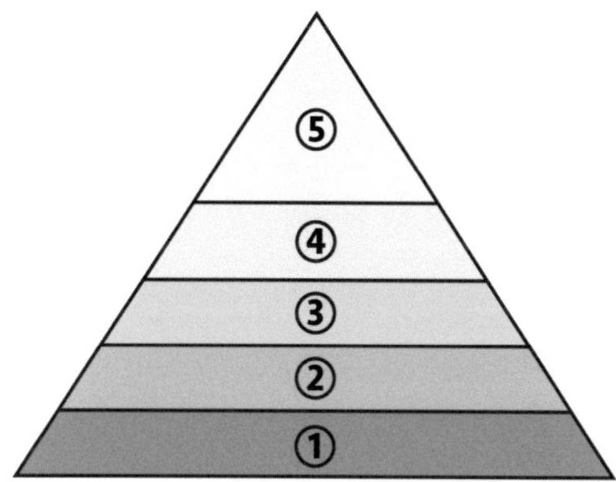

⑤ **Besoins d'accomplissement de soi**
(développement personnel,
épanouissement, etc.)

④ **Besoins d'estime**
(se sentir apprécié, utile, valorisé, etc.)

③ **Besoins d'appartenance et d'amour**
(communiquer avec autrui, s'intégrer
dans un groupe, etc.)

② **Besoins de sécurité**
(environnement non menaçant,
stabilité, survie, etc.)

① **Besoins physiologiques**
(respirer, manger, boire, dormir, etc.)

Commencez par répondre à vos besoins de base avant de passer aux niveaux supérieurs de la pyramide. Il paraît évident que votre futur métier sera en mesure d'assurer dans un premier temps votre survie et qu'il répondra ensuite à votre envie de reconnaissance. Pour réaliser une bonne analyse de vos besoins, faites la distinction entre besoins, désirs et compétences. Par exemple, ce n'est pas parce que vous aimeriez être dessinateur de BD que vous dessinez bien pour autant. Il se peut également que cette activité représente plus un passe-temps qu'une réelle passion. Le désir relève davantage de la volonté que de la nécessité. Définissez les éléments vitaux pour que votre travail puisse faire sens et vous épanouir pleinement.

Prendre en compte ses envies

Si prendre en considération vos besoins est primordial pour réussir votre reconversion, ne laissez pas vos désirs sur le bord de la route, au risque de vous lasser très vite de votre nouvel emploi. Si vous n'avez pas de plan de carrière et que vous rencontrez des difficultés à discerner ce que vous souhaitez, commencez par dresser une liste de ce que vous ne voulez plus vivre dans votre vie professionnelle : finir à 21 heures tous les soirs, se déplacer dans différentes villes, etc. Une fois cette liste établie, il vous sera plus facile de définir vos envies. Si vous changez de carrière en ayant un projet précis en tête, une partie de votre chemin est déjà tracé. Cependant, n'hésitez pas à nuancer vos envies et vos objectifs afin d'élaborer un plan de reconversion précis.

Soyez prudent en toutes circonstances : être motivé, c'est magnifique, mais peut être à double tranchant. Ne prenez pas toutes vos envies pour des réalités : devenir cosmonaute est une belle ambition, mais pas un rêve à portée de tous. Ne baissez toutefois pas les bras au premier obstacle. Listez les avantages et les inconvénients de votre projet et observez de quel côté penche la balance.

« J'ai toujours souhaité voyager. Mon métier rêvé : reporter animalier. Les documentaires sur la vie des animaux sauvages dans les grands parcs africains me fascinent. Mais en ce qui me concerne, ce métier restera du domaine du rêve. Ma passion pour la nature et les animaux passe après ma vie de famille et l'attachement que je ressens pour mon environnement. De plus, même si je suivais des cours de photographie, je ne pourrais pas gagner ma vie correctement, et donc mon choix a vite été fait. » (Xavier)

« Mon fils s'est lancé dans la restauration sur les marchés et les événements. Fort d'une expérience en restaurant et chez un traiteur renommé, il a décidé de lancer sa propre entreprise pour répondre à une demande croissante auprès du public pour les *food trucks*. La formule est innovante et rencontre un franc succès pour l'instant. Il s'agit là d'une reconversion partielle, puisqu'il travaillait déjà dans ce secteur. Néanmoins, le concept est différent de tout ce qu'il a connu auparavant. Avant de démarrer son activité, il a identifié objectivement ce qui suit : une demande des clients, le souhait de travailler à son propre compte et les compétences pour réaliser son projet. Ses horaires de travail sont contraignants, mais pas plus que lorsqu'il travaillait en restaurant. Ce qui change par contre, c'est qu'il s'épanouit désormais dans son nouveau métier. » (Johanna)

POSITIVEZ !

La reconversion apparaît souvent comme une étape stressante. Pour contrer cela, appliquez un petit principe d'« autovalorisation » personnelle. Ne soyez pas trop dur avec vous-même, car cela pourrait occasionner des frustrations et des blocages. Au contraire, encouragez-vous, répétez-vous que vous allez réussir. Pour trouver chaussure professionnelle à votre pied, il est plus efficace de véhiculer un message optimiste. L'inverse vous ferait passer pour une personne insatisfaite et peu flexible auprès des futurs recruteurs ou collaborateurs.

Le précurseur de la pensée positive, Émile Coué (psychologue français, 1857-1926), explique comment l'autosuggestion conditionne l'individu à générer un bien-être. Le contraire est également vrai. Si vous vous imaginez tomber d'une échelle, une fois dessus vous serez fébrile et vous augmenterez ainsi les risques de chute. Les grands sportifs utilisent également cette méthode de conditionnement positive, notamment par la visualisation. Hâtez-vous de vous imaginer décrochant le poste idéal, pour gagner en confiance et en motivation.

Réaliser son bilan professionnel et personnel

Pour atteindre votre objectif, vous devez connaître vos forces et vos faiblesses. Pour cela, effectuez un bilan professionnel et personnel : l'aperçu de vos expériences et de vos compétences constituera une excellente base pour mener à bien votre reconversion. Soyez pragmatique afin d'identifier de façon réaliste vos atouts et vos défauts. À l'aide de votre CV, entamez votre autoanalyse en prenant soin de lister les points suivants :

- secteur d'activité ;
- fonction(s) ;
- compétences développées ;
- période(s) ;
- véritable(s) raison(s) du départ ;
- une satisfaction professionnelle, un challenge professionnel que vous avez relevé. Qu'est-ce qui fait que vous avez réussi ce défi ? Quelle compétence a fait la différence ? ;
- tout autre point qui vous semble important en rapport avec le poste occupé ;
- ce que vous appréciiez dans votre poste et pourquoi.

Selon les méthodes, ce bilan vous présente une vision globale de vous-même ou esquisse une carte heuristique de votre personne, de vos besoins, de vos désirs, de vos atouts et de vos défauts. Il vous invite à prendre du recul pour vous aider à garder la tête sur les épaules, quels que soient les choix à faire. Vous pourrez également percevoir un fil conducteur (d'ordre professionnel, personnel, moral ou intellectuel) qui vous guidera dans votre reconversion.

« J'ai toujours eu une véritable passion pour la mode, et en particulier pour les accessoires. Après avoir travaillé plusieurs années en tant que consultante dans une entreprise, j'ai accouché de mon premier enfant. Sa naissance fut l'élément déclencheur : durant mon congé de maternité, je me suis rendu compte que je ne m'épanouissais pas dans mon travail. En reprenant mon CV, j'ai réalisé que je possédais des aptitudes en analyse de marché, et une facilité à présenter efficacement mes idées. J'ai donc décidé de me lancer dans la création d'accessoires de mode. Le contact avec le client étant pour moi un exercice déjà bien rodé, j'ai rapidement décroché des contacts importants pour développer une ligne d'accessoires et les faire connaître au public. Je travaille autant qu'auparavant, à la différence que je ne le vis plus comme une corvée. Ma passion pour la mode et mon esprit analytique ont été mes fils conducteurs. » (Olivia)

Une reconversion réussie suppose également une remise en question personnelle. Attention, il ne s'agit pas de tout changer chez vous, mais d'apprendre à mieux vous connaître afin de découvrir quel métier vous conviendrait. Répondez aux deux questions suivantes :

- Comment vous décririez-vous en cinq mots ?
- Comment votre entourage vous décrirait-il en cinq mots ?

On ne correspond pas toujours intérieurement à l'image extérieure que l'on véhicule. Si la perception des autres n'est pas le plus important, elle peut toutefois s'avérer utile, car elle vous offre une autre perspective et vous permet de découvrir si certains traits de votre caractère constituent un obstacle ou un atout.

L'AVIS D'AUTRUI

N'hésitez pas à demander conseil à votre entourage sur le domaine ou le métier qui vous conviendrait. Attention, cela ne signifie pas pour autant que vous devrez les suivre au pied de la lettre : tirez-en les enseignements qui vous semblent importants. Si entendre plusieurs opinions peut être enrichissant, n'oubliez pas de prendre du recul, car, finalement, c'est vous qui vous lèverez tous les matins pour faire ce travail ! La décision finale vous revient donc de plein droit !

Afin de mieux vous connaître, faites appel à des coachs ou aidez-vous d'outils d'évaluation psychologique comme le MBTI (*Myers-Briggs Type Indicator*). Ce test d'évaluation, élaboré suivant une méthode mise au point par Katherine Cook Briggs (théoricienne en psychologie, 1875-1968) et sa fille Isabel Briggs Myers (théoricienne en psychologie, 1897-1980), détermine votre type psychologique en fonction de vos réactions et de votre comportement. Attention, ce questionnaire n'est pas fiable à 100 % et vous offre uniquement des pistes de réflexion : faites donc toujours preuve d'esprit critique. S'il vous indique que vous feriez un excellent avocat, ne vous lancez pas dans cette voie tête baissée, prenez en compte vos envies et vos compétences.

Analyser son projet

Une fois votre parcours rêvé esquissé, retour sur terre, car pour réussir votre projet de reconversion, il vous faut considérer l'aspect pragmatique. Outil précieux particulièrement utilisé en marketing, la matrice SWOT révélera les forces (*Strengths*), les faiblesses (*Weaknesses*), les opportunités (*Opportunities*) et les menaces (*Threats*) d'un projet, d'un concept ou d'un produit. De manière simplifiée, synthétisez les points importants de votre projet professionnel selon le schéma suivant :

La matrice SWOT de votre projet

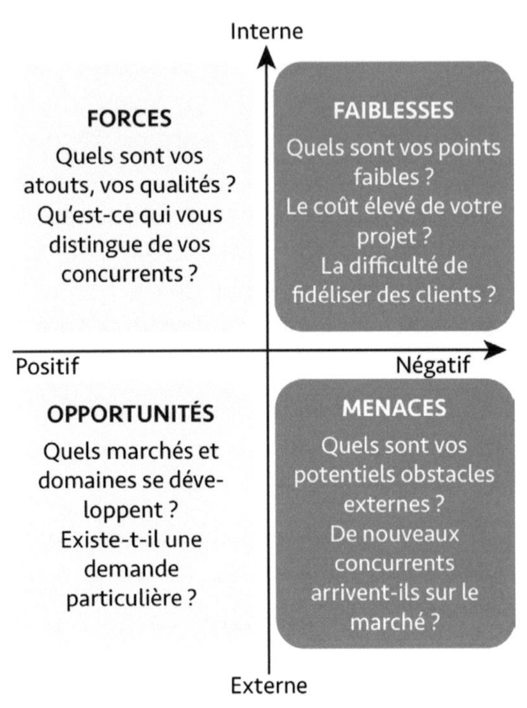

En vous référent aux éléments repris dans votre SWOT, adaptez votre concept en fonction de l'offre et de la demande, des menaces et des opportunités repérées.

Innover

Peu importe si votre reconversion se déroule dans un autre département de votre entreprise actuelle ou s'il s'agit d'un projet que vous développez comme indépendant, il vous faut un concept de départ. On ne fait pas d'omelette sans casser des œufs, mais pour vous réinventer et vous reconvertir, évitez de reprendre les mêmes œufs qu'avant, vous reproduiriez le même schéma. Sortez des sentiers battus, innovez. Quel que soit le type de reconversion professionnelle, elle passe par un concept nouveau, aussi modeste soit-il.

L'innovation peut s'effectuer à différents niveaux : dans votre propre fonctionnement ou en développant un nouveau projet. Rester dans votre zone de confort peut limiter votre potentiel ou vos ambitions. C'est en réfléchissant à d'autres idées ou manières d'aborder le travail que vous vous reconvertirez efficacement. À titre exemple, si vous êtes gestionnaire d'immeubles, et que vous voulez vous lancer dans le développement de mise à disposition de parkings de bureaux urbains pour riverains après les heures de travail, pourquoi ne pas démarcher les entreprises du quartier que vous ciblez et développer avec eux une application mobile pour gérer les emplacements disponibles ?

Pour innover ou trouver un concept, discernez quels sont les besoins autour de vous, ou identifiez ce qui vous manque. Inutile de vous torturer l'esprit, un bon concept est simple et efficace. En vous le représentant dans votre tête, vous dessinerez les contours de votre changement de carrière. Avancer dans le noir est le meilleur moyen de foncer droit dans un mur.

Se former à tout âge

Si vous décidez de changer radicalement d'activité et que votre choix se porte sur un domaine que vous ne maîtrisez pas, vous devrez certainement acquérir de nouvelles connaissances ou obtenir un diplôme supplémentaire. Même si vous restez dans le même secteur, envisagez une remise à niveau ou une formation pour développer de nouvelles compétences. Renseignez-vous sur les possibilités auprès des universités, des hautes écoles ou de promotion sociale, des agences d'emploi, des bureaux de recrutement, des associations professionnelles, etc.

Recommencer un cycle d'apprentissage est un exercice qui – en dehors des enseignements que vous en tirerez – vous inspirera sûrement et vous aidera à nouer de nouveaux contacts utiles pour votre projet. Toutefois, si vous souhaitez reprendre des études ou vous former, votre reconversion prendra davantage de temps. Prenez cet aspect en compte au niveau de vos finances. Dès lors, deux solutions s'offrent à vous :

- si vos économies vous le permettent ou que vous trouvez des aides financières (bourses, prêts, etc.), vous pouvez tout à fait quitter votre emploi actuel afin de vous impliquer entièrement dans votre projet. Informez-vous sur vos options avant de démissionner, il en existe différentes selon les pays : congés sabbatiques, congés individuels de formation, congés pour création d'entreprises, etc. ;
- si vos ressources sont limitées, vous pouvez toujours demander un temps partiel à

votre patron, suivre des cours du soir ou par correspondance.

Rebondir en cas d'échec

Réussir sa reconversion, c'est aussi savoir rebondir. Si votre nouvelle ambition professionnelle échoue, considérez-la comme une expérience positive dans votre carrière et tirez-en les enseignements nécessaires. Cette défaite peut devenir un tremplin, une étape supplémentaire non prévue mais menant à un nouvel objectif. Essayez d'identifier les raisons de cet échec.

- Aviez-vous mal défini vos objectifs ?
- Avez-vous joué de malchance ou étiez-vous mal préparé ?
- Ce métier vous correspond-il vraiment ?
- Avez-vous dû renoncer pour des raisons financières ?
- Quelles actions supplémentaires auriez-vous pu entreprendre pour réussir ?

En fonction de vos réponses, persistez dans le secteur ciblé initialement en améliorant les points qui vous desservent ou réorientez-vous à nouveau. Si vous êtes encore dans une phase de recherche, n'hésitez pas à refaire un travail d'introspection. Enfin, ne perdez surtout pas confiance en vous si vous ne réussissez pas du premier coup. Ne remettez pas en question tout votre cheminement, mais uniquement les aspects qui le méritent.

TOP CONSEILS

- **Soyez jeune et dynamique dans votre tête.** La reconversion professionnelle ne connaît pas d'âge, elle s'adresse à tous ceux qui ont la ferme intention de se lancer. Si vous avez quelques printemps au compteur, vous venez de mettre le doigt sur un de vos points forts : votre expérience et votre vécu seront d'une grande valeur. Vous pourrez toujours compter sur ces bases pour réussir votre changement d'activité.
- **Si vous ne possédez pas d'expérience, demandez conseil aux anciens et échangez avec eux.** Puisque vous ne pouvez pas vous appuyer sur votre expérience lors d'un entretien d'embauche ou d'une réunion professionnelle, misez sur votre personnalité et vos qualités individuelles. Mettez en avant votre originalité afin de vous démarquer.
- **Utilisez le networking et faites de votre carnet d'adresses votre meilleur allié.** Si vous ne disposez pas encore de contacts utiles pour développer votre idée ou votre projet, ne né-

gligez pas l'importance du réseau et des outils de communication modernes. Inscrivez-vous à des séminaires, des groupes de réflexion ou sur des réseaux internet tels que LinkedIn, Viadeo, Facebook, etc. Après avoir ciblé les personnes avec qui entrer en contact, vous devrez entretenir correctement votre réseau, car elles pourraient bien se transformer en clients potentiels ou en ambassadeurs de votre produit/service. Une bonne communication représente la moitié du travail.

- **Avant de vous lancer dans un projet, analysez l'aspect financier**. Le *business plan*, ou plan d'affaires, est une étape obligatoire qui vous aide non seulement à illustrer l'architecture de votre projet, mais aussi à mettre en lumière le timing et les finances nécessaires pour le réaliser. De plus, une étude de marché s'avère nécessaire s'il s'agit d'une reconversion commerciale par exemple. Enfin, renseignez-vous sur les éléments demandés par les banques ou les administrations si vous devez les solliciter.

- **Trouvez votre rythme de travail.** Si votre objectif de reconversion est de lever le pied, choisissez une activité à temps partiel ou optez pour un poste avec moins de responsabilités. Mais s'habituer à une nouvelle cadence n'est pas toujours simple. Si vous faites partie de cette catégorie de personnes qui ont du mal à ralentir, conservez de l'intensité dans votre profession, tout en apprenant à lâcher prise.

- **Ne vous précipitez pas,** car c'est le meilleur moyen d'échouer. Changer de voie demande du temps pour réfléchir, travailler sur soi-même et finalement prendre la bonne décision. Si vous devez suivre des formations, cela vous demandera beaucoup de patience. Encore une fois, n'accélérez pas le processus, attendez d'être prêt et d'avoir toutes les cartes en main pour vous lancer.
- **Informez-vous sur les cours du soir ou par correspondance.** Vous pourriez alors conserver votre poste actuel durant votre période de reconversion. Au niveau organisationnel et financier, cela pourrait vous aider à soulager votre programme.
- **Restez réaliste.** Avant de vous reconvertir, confrontez vos idéaux à la réalité. Ce n'est pas parce que vous changez d'orientation professionnelle que votre niveau de vie évoluera de façon révolutionnaire. Soyez enthousiaste sans être naïf. Idéaliser une situation pourrait vous

conduire droit à la déception. Gardez les pieds sur terre et avant d'entamer votre reconversion renseignez-vous sur le marché du travail et les formations disponibles, anticipez et réfléchissez bien aux différents volets de l'activité que vous souhaitez exercer. Si vous décidez de vous réorienter en pensant que votre future activité vous offrira une plénitude totale, il se peut que vous fuyiez une situation de mal-être qu'un changement de carrière n'arrangera pas. Les obligations et les contraintes vont de pair avec toute activité professionnelle et ce, que l'on soit employé ou patron.

- **Établissez votre planning sur papier et fixez-vous des échéances**. Même si votre préparation s'avère longue, voire laborieuse, un échéancier vous aidera à garder le cap et à réajuster vos objectifs si nécessaire.

FAQ

COMMENT CHOISIR MON NOUVEAU MÉTIER ?

Ne prenez pas cette étape à la légère. Pour certains, le domaine ou le métier est déjà décidé, mais pour les autres, il faudra commencer par un travail d'introspection. Réalisez un bilan personnel et professionnel en vue d'établir une liste de vos points forts et de vos faiblesses, de vos compétences et de vos aspirations, et de vous aider à choisir ainsi un métier qui vous épanouira. Avant de vous lancer, prenez conscience de la réalité économique actuelle en vous renseignant sur le marché du travail.

JUSQU'À QUEL ÂGE PUIS-JE ME RECONVERTIR ?

Changer de carrière n'est pas réservé à une génération. Cependant, suivant votre âge vous ne miserez pas sur les mêmes qualités. Par exemple, un employé de 40 ans qui dispose d'une certaine expérience la mettra au service du projet afin d'éviter les erreurs déjà rencontrées dans le passé. Quelqu'un d'inexpérimenté vendra sa créativité, son regard neuf et sa capacité d'adaptation. Tout âge comporte ses avantages.

EXISTE-T-IL DES MÉTIERS PLUS PROPICES À UNE RECONVERSION ?

En fonction du marché du travail et de l'emploi, oui. Certains secteurs apparaissent plus saturés que d'autres, mais rien ne vous empêche de tenter votre chance si vous vous préparez suffisamment et que votre motivation est au rendez-vous. D'où l'importance de bien réaliser son étude de marché avant d'entamer ses démarches.

MON POSTE ACTUEL NE ME PLAÎT PAS, MAIS JE SUIS EN CDI. EST-CE JUDICIEUX DE TOUT QUITTER ?

Posez-vous les bonnes questions avant de sauter le pas. Pourquoi votre emploi vous déplaît-il ? Est-ce à cause de l'ambiance, des fonctions s'y rapportant ? Vous ennuyez-vous ? Analysez vos réponses afin de vous assurer de vous reconvertir pour les bonnes raisons. Et ne quittez pas votre poste sans savoir dans quelle direction aller. Prenez le temps de réfléchir. Quant au CDI, c'est un élément à ne pas négliger. En fonction de vos possibilités (soutien familial ou du conjoint), évaluez si vous possédez les ressources nécessaires pour renoncer à votre contrat stable dans l'immédiat. Se donner les moyens de se reconvertir, c'est aussi s'organiser pour pouvoir opérer un changement sans se mettre en difficulté. Fixez-vous un planning et tenez vos objectifs pour avancer dans votre réorientation professionnelle, même si vous gardez votre CDI dans un premier temps.

COMMENT FINANCER MA RECONVERSION ?

Il n'existe pas de formule préétablie. Les cas de figure sont tellement nombreux qu'il est impossible de dresser une feuille de route générale. Néanmoins, quelques règles d'or sont à respecter afin de maintenir un équilibre financier. Avant de vous lancer, calculez le temps nécessaire pour que votre nouvelle activité génère des rentrées d'argent. Vous reconvertir est une bonne initiative, mais ne négligez pas pour autant les aspects pragmatiques : une formation, un fonds de commerce, des frais divers, etc. Il s'agit parfois de sommes importantes. N'oubliez pas qu'à tout moment, vous devez être en mesure de manger à votre faim.

Avant toute chose, adressez-vous à l'organisme public chargé de l'emploi dans votre région. Il vous informera sur les possibles bourses et aides financières qui assumeront peut-être une partie des coûts de votre formation. Si vous ne faites pas appel à des aides extérieures ni ne disposez d'éventuelles économies, envisagez de continuer temporairement votre travail actuel et de suivre une formation par correspondance ou des cours du soir.

QUELS SONT LES PIÈGES À ÉVITER ?

- Ne cédez pas au stress si tout ne se déroule pas immédiatement comme vous l'aviez imaginé. Armez-vous de patience et fixez-vous des objectifs avec des échéances claires. L'idée est de faire décoller votre activité professionnelle, pas de vous faire couler financièrement et moralement.

- Si vous comptez vous reconvertir graduellement, et que vous démarrez par un poste de transition, ne vous enfermez pas dans le temporaire. Vous tuerez ainsi votre entrain et votre motivation. D'où l'importance de réaliser un planning...

- Ne jouez pas avec votre carrière. Ici, les enjeux sont de taille et une reconversion peut comporter des risques. Si vous ne maîtrisez pas certains aspects de votre nouveau métier, ne passez pas à côté d'une formation ou d'un conseil professionnel : tout est bon à prendre.

- Prévoyez toujours un plan B. Soyez créatif, une solution ne sort pas toujours d'un moule. Pour vivre sereinement votre reconversion, soyez ouvert à d'autres options au cas où vos premières démarches ne portent aucun fruit. « Tous les chemins mènent à Rome » : il existe diverses routes pour atteindre votre objectif. Certaines seront plus cahoteuses que d'autres, mais l'essentiel est d'y arriver.

À VOUS DE JOUER EN CINQ ÉTAPES CLÉS !

Établissez votre plan d'action en utilisant le schéma ci-dessous. Complétez, l'un après l'autre, chaque point afin de parvenir à synthétiser vos idées, puis lancez-vous !

1. CONSTAT
Je veux changer de métier.

2. ANALYSE
Pourquoi ? Définissez vos motivations. S'agit-il d'un coup de tête ou vos raisons sont-elles fondées ?

3. ACTION
Choix du nouveau métier. Savez-vous déjà précisément dans quelle direction aller ? Si non, avez-vous un secteur en tête ? Envisagez-vous de faire un bilan ?

4. PROGRAMME
Élaborez votre planning. Informez-vous sur les formations, etc.

5. RÉALISATION
Votre parcours sera semé d'embûches et de réussites ! Soyez patient pour atteindre votre objectif.

POUR ALLER PLUS LOIN

SOURCES BIBLIOGRAPHIQUES

- « Comment aborder le marché du travail », in
  Actiris, novembre 2010, consulté le 15 août 2015.
  http://www.actirisinternational.be/docu-
  ments/FRANCE%20-%20FRANCE%20-%20
  FRANKRIJK/Comment%20aborder%20le%20
  march%C3%A9%20du%20travail%20(fr).pdf

- « Comment surmonter la perte de sens au
  travail ? » in *RSE Magazine*, février 2013, consulté
  le 1er août 2015.
  http://www.rse-magazine.com/Comment-
  surmonter-la-perte-de-sens-au-travail_a252.html

- DUTHEIL (Christophe) et LOSADA (Mariana),
  « Quête de sens au travail : des métiers en
  mutation », in *L'Express*, septembre 2012, consulté
  le 5 août 2015.
  http://www.lexpress.fr/emploi/business-et-sens/
  quete-de-sens-au-travail-des-metiers-en-muta-
  tion_1165238.html

- FRANKEN (Priscillia), « Suis-je bon pour une
  reconversion ? », in *Je me reconvertis*, 2010,
  consulté le 10 août 2015.
  http://www.jemereconvertis.fr/index.php?id=408

- GELLÉ (Éric), « Ressources humaines : les 5 grandes tendances de 2015 », in *Les Échos*, décembre 2014, consulté le 10 août 2015.
  http://www.lesechos.fr/idees-debats/cercle/cercle-120330-rh-les-grandes-ten-dances-2015-1077075.php#

- HOHMANN (Christian), « La pyramide de Maslow », in *Christian Hohmann*, octobre 2014, consulté le 10 août 2015.
  http://christian.hohmann.free.fr/index.php/management-du-changement/348-la-pyra-mide-de-maslow

- « La pyramide des besoins de Maslow », in *Psychologue du travail*, décembre 2009, consulté le 10 août 2015.
  http://www.psychologuedutravail.com/tag/pyramide-des-besoins-de-maslow/

- « Les risques psychosociaux », in *Respect au travail*, consulté le 10 août 2015.
  http://respectautravail.be/

- MAZELIN-SALVI (Flavia), « 4 exercices pour iden-tifier vos priorités », in *Psychologies*, janvier 2013, consulté le 11 août 2015.
  http://www.psychologies.com/Moi/Se-connaitre/Comportement/Articles-et-Dossiers/Aller-a-l-essentiel/4-exercices-pour-identifier-vos-priorites

SOURCES COMPLÉMENTAIRES

- CAPO-CHICHI (Christelle) et TEMMOURI (Fatiha), *Le grand livre de la reconversion professionnelle*, Paris, Studyrama-Vocatis, mai 2011.

- SIMON (Maud), *Fais ce qu'il te plaît ! 12 semaines pour trouver votre voie et rencontrer votre destin*, Paris, InterEditions, août 2011.

www.50minutes.fr

ISBN ebook : 978-2-8062-6469-5
ISBN papier : 978-2-8062-6479-4
Dépôt légal : D/2015/12603/219
Photo de couverture : © Coloures-pic - Fotolia.com

Conception numérique : Primento,
le partenaire numérique des éditeurs